EDICT DV ROY

POVR L'ESTABLISSEMENT de la Compagnie de la Nouuelle France.

Auec l'Arrest de verification de la Cour de Parlement de Bourdeaux.

A PARIS.
Chez SEBASTIEN CRAMOISY Imprimeur ordinaire de la Marine, ruë sainct Iacques, aux Cicognes.

M. DC. XXXIII.
AVEC PRIVILEGE DV ROY.

EDICT DV ROY POVR *l'establissement de la Compagnie de la Nouuelle France.*

LOVIS PAR LA GRACE de Dieu Roy de France & de Nauarre, à tous presens & à venir, Salut. Comme il est de la gloire de Dieu, & du bon-heur de cét Estat, que les soins que nous prenons de trauailler pour l'aduancement de la Religion Catholique, Apostolique & Romaine, ne soient pas bornez dans la seule estenduë de la France: mais qu'en imitant ce grand Sainct duquel nous portons & le sceptre, & le nom, nous facions en sorte que la renommée des François s'espande bien loing dans les terres eſtrangeres, & que leur pieté ſe publie par la conuerſion des peuples enſeuelis dans l'infidelité, & dans la barbarie. Cette penſée nous a fait ſouuent ietter les yeux ſur les peuples de l'Amerique habitans de la nouuelle France dite Canada, & renouueler le deſir de procurer leur conuerſion cy-deuant encommencée par le zele de noſtre tres-honoré Seigneur & pere, le defunct Roy HENRY LE GRAND de glorieuſe memoire. Et nous ayant eſté remonſtré par noſtre tres-cher & bien amé couſin le Cardinal de Richelieu, Grand-Maiſtre, Chef & Surintendãt general de la Nauigation & Commerce de France. (Apres l'auoir informé de noſtre volonté ſur ce ſujet;) Que pour faire plus promptement & plus facilement reüſſir ce qui eſtoit de nos intentions, il auoit faict aſſembler du nombre de nos ſujets, des perſonnes de vertu & de courage, entendus au faict de la Nauigation, qui pourroient fournir les dépenses des embarquemens necessaires pour mettre à chef vne si haute & si saincte entreprise, & qu'ils s'estoient obligez de lier vne forte Compagnie pour l'establissement d'vne Colonie de naturels François, Catholiques de l'vn & l'autre sexe, iugeant que c'estoit le seul & vnique moyen pour aduancer en peu d'années la conuersion de ces peuples, & accroistre le nom François à la gloire de Dieu, & reputation de cette Couronne. SÇAVOIR FAISONS qu'ayant faict examiner lesdites propositions en nostre Conseil, où estoient plusieurs Princes, & Officiers de nostre Courõne, & principaux de nostre Conseil, & apres qu'il nous est apparu que dés le mois d'Auril de l'année derniere 1627. nos chers & bié amez Claude de Roquemont sieur de

Briſon, Louis Hoüel ſieur du petit Pré, noſtre Conſeiller & Controolleur general des Salines en Broüage, Gabriel Lattaignant Maieur de la ville de Calais, Simon Dablon Scindicq de la ville de Dieppe, Dauid du Cheſne Conſeiller & Eſcheuin de la ville Françoiſe du Haure de Grace, & Iacques Caſtillon bourgeois de Paris, s'eſtoient obligez de dreſſer vne Compagnie de cent Aſſociez, & faire tous leurs efforts pour peupler ledit païs de la Nouuelle France; Nous auons agreé & approuué, agreons, & approuuons le contenu en leurs offres, & conformément à iceux,

I. Ordonné & ordonnons auſdits de Roquemont, Hoüel, Lattaignant, Dablon, du Cheſne, Caſtillon & leurs Aſſociez faire paſſer audit païs de la Nouuelle France deux à trois cens hommes de tous meſtiers, dés la preſente année 1628. & pendant les années ſuiuantes en augmenter le nombre iuſques à quatre mille de l'vn & l'autre ſexe, dans quinze ans prochainement venant, & qui finiront en Decembre que l'on comptera 1643. les y loger, nourrir & entretenir de toutes choſes generalement quelconques neceſſaires à la vie, pendant trois ans ſeulement, leſquels expirez leſdits Aſſociez ſeront déchargez ſi bon leur ſemble de ladite nourriture & entretenement, en leur aſſignant la quantité de terres défrichées ſuffiſante pour leur ſubuenir, auec le bled neceſſaire pour les enſemencer la premiere fois, & pour viure iuſques à la recolte lors prochaine, ou autrement leur pouruoir en telle ſorte qu'ils puiſſent de leur induſtrie & trauail ſubſiſter audit païs, & s'y entretenir par eux meſmes.

II. Sans toutesfois qu'il ſoit loiſible aufdits Affociez & autres faire paf-fer aucun eftranger efdits lieux, ains peupler ladite Colonie de naturels François Catholiques, & enioignons à ceux qui commanderont en la Nouuelle France de tenir la main à ce qu'exactement le prefent article foit executé felon fa forme & teneur, ne fouffrant qu'il y foit cōtreuenu pour quelque caufe ou occafion que ce foit, à peine d'en refpondre en leur propre & priué nom.

III. Pour vacquer à la conuerfion des Sauuages, & confolation des François qui feront en la Nouuelle France, y aura trois Ecclefiaftiques au moins en chacune habitation qui fera conftruite par lefdits Affociez, lefquels lefdits Affociez feront tenus loger, fournir de viures, ornemens, & generalement les entretenir de toutes chofes neceffaires, tant pour leur vie que fonction

ction de leur miniſtere pendant leſdites quinze années, ſi mieux n'ayment leſdits Aſſociez pour ſe décharger de ladite dépēſe, diſtribuer auſdits Eccleſiaſtiques des terres défrichées ſuffiſantes pour leur entretien : meſmes ſera eſtably en ladite Nouuelle France plus grand nombre d'Eccleſiaſtiques ſi beſoin eſt, & que la Compagnie le iuge expedient, ſoit pour leſdites habitations, ſoit pour les miſſions, le tout aux deſpens deſdits Aſſociez durant le temps deſdites quinze années: & icelles expirées, Nous auons remis & remettons le ſurplus à la deuotion & charité tant de ceux de ladite Compagnie que des François qui ſerōt ſur les lieux, leſquels nous exhortons de ſubuenir abondamment tant auſdits Eccleſiaſtiques qu'à tous autres qui paſſeront en la Nouuelle France, pour trauailler au ſalut des ames.

IV. Et pour aucunement recompenser ladite Compagnie des grands frais & aduances qu'il luy conuiendra faire pour paruenir à ladite peuplade, entretien, & conseruation d'icelle; Nous auons par ce present nostre Edict perpetuel & irreuocable donné & octroyé, donnons & octroyons à perpetuité ausdits cent Associez, leurs hoirs, & ayans cause, en toute proprieté, iustice & seigneurie, le fort & habitation de Quebecq auec tout ledit païs de la Nouuelle France dite Canada, tant le long des costes depuis la Floride que nos predecesseurs Roys ont fait habiter en rangeant les costes de la mer iusques au cercle Arctique pour latitude, & de longitude depuis l'Isle de terre Neufue tirant à l'Oüest, iusques au grand Lac dit la Mer Douce, & au delà: que dedans les terres & le long des riuieres qui y passent & se déchargent dans le fleuue appellé S. Laurens, autrement la grande riuiere de Canada, & dans tous les autres fleuues qui les portent à la mer, terres, mines, minieres, pour ioüir toutesfois desdites mines conformément à nos Ordonnances, Ports & Haures, Fleuues, Riuieres, Estangs, Isles, Isleaux, & generalement toute l'estenduë dudit païs, au long & au large & par delà tant & si auant qu'ils pourront estendre nostre nom & le faire cognoistre, ne nous reseruant que le ressort & la foy & hommage qui nous sera portée, & à nos successeurs Roys par lesdits Associez, ou l'vn d'eux auec vne Couronne d'or du poids de huict marcs à chaque mutation de Roys, & la prouision des Officiers de la Iustice souueraine, qui nous seront nommez & presentez par lesdits Associez, lors qu'il sera iugé à propos d'y en establir, permettant ausdits Aſſociez, faire fondre canons & boulets, forger toutes ſortes d'armes offenſiues & defenſiues, faire poudre à canon, baſtir & fortifier places, & faire generalement eſdits lieux toutes choſes neceſſaires, ſoit pour la ſeureté dudit païs, ſoit pour la conſeruation du Commerce.

V. Pourront leſdits Aſſociez ameliorer & aménager leſdites terres ainſi qu'ils verront eſtre à faire, & icelles diſtribuer à ceux qui habiterōt ledit païs & autres, en telle quātité & ainſi qu'ils iugeront à propos, leur donner & attribuer tels tiltres & honneurs, droits, pouuoirs & facultez, qu'ils iugeront eſtre bon, beſoin, ou neceſſaire, ſelon les qualitez, conditions & merites des perſonnes, & generalement à telles charges, reſerues & conditions qu'ils verront bon eſtre : & neantmoins en cas d'erection de Duchez, Marquiſats,

Comtez & Baronnies, seront prises lettres de confirmation de nous sur la presentation de nostre cousin le Grād-Maistre, Chef & Sur-Intendant general de la Nauigation & Commerce de France.

VI. Et afin que lesdits Associez puissent ioüir plainement & paisiblement de ce que nous leur auons donné & accordé, Nous auons reuoqué & reuoquons par ces presentes tous dons faicts desdites terres, parts ou portions d'icelles.

VII. Dauantage nous auons donné & accordé, donnons & accordons ausdits Associez pour tousiours le trafficq de tous cuirs, peaux & pelleteries de ladite Nouuelle France, & pour quinze années seulement, (à commencer dés le premier iour de Ianuier de l'année presente mil six cens vingt-huict, & finissant au dernier Decembre que l'on comptera mil ſix cens quarante trois,) tout autre commerce ſoit terreſtre ou naual qui ſe pourra faire, tirer, traicter ou traficquer, en quelque ſorte & maniere que ce ſoit en l'eſtenduë dudit païs, & autant qu'il ſe pourra eſtendre, à la reſerue de la peſche des moluës & baleines ſeulement, que nous voulons eſtre libre à tous nos ſujets: reuoquant à cet effect toutes autres conceſſions contraires à l'effect que deſſus, meſmes les articles cy-deuant accordez à Guillaume de Caën & ſes Aſſociez; Et à ces fins interdiſons pour ledit temps tout ledit commerce tant audit de Caën qu'à nos autres ſujets, à peine de confiſcation de vaiſſeaux & marchandiſes, laquelle appartiendra à ladite Compagnie. Et noſtre dit couſin le Grand-Maiſtre, Chef & Sur-Intendant general de la Nauigation & Commerce de France, ne baillera aucuns congez, passeports ou permissions à autres qu'ausdits Associez pour les voyages & commerce susdit en tout ou partie desdits lieux.

VIII. Pourront neantmoins les François habituez esdits lieux auec leur famille, qui ne seront nourris ny entretenus aux dépens de ladite Compagnie, traicter librement des pelleteries auec les Sauuages, pourueu que les castors par eux traictez soient par apres donnez ausdits Associez ou à leurs Commis & Facteurs, qui seront tenus de les acheter d'eux sur le pied de quarante sols tournois la piece, leur faisons tres-expresses inhibitions & defenses d'en traicter auec autres sous pareilles peines de confiscation, & toutesfois ne seront tenus lesdits Associez de payer quarante sols de chacune peau de castor, si elle n'est bonne, loyale & marchande.

IX. De plus nous auons faict don par ces presentes ausdits Associez de deux vaisseaux de guerre de deux à troiscens tonneaux, armez, équipez, prests à faire voille, sans victuailles toutesfois : lesquels seront au plustost mis par nous en estat de faire voyage, & deliurez ausdits Associez ou à leurs Procureurs, pour cy-apres estre entretenus par lesdits Associez, & employez à l'vsage & profit de ladite Cõpagnie, & arriuãt le déperissemẽt desdits vaisseaux par quelque voye que ce puisse estre, excepté en cas que lesdits vaisseaux fusséť pris par nos ennemis estant en guerre ouuerte, seront obligez lesdits Associez d'en substituer d'autres en leur place, à leurs dépens, & iceux entretenir au profit de ladite Compagnie.

X. Et neantmoins nous voulons qu'en cas que lesdits Associez manquent à faire passer dans les dix années des

des quinze, iusques à quinze cens François de l'vn & l'autre sexe, pour tout dédommagement de ladite inexecution, ils ayent à nous restituer la somme à laquelle la prisée desdits vaisseaux se trouuera monter; comme aussi si dans les cinq années restantes des quinze ils manquoient à faire passer le reste des hommes & femmes stipulez cy-dessus, sauf si (comme dit est) lesdits vaisseaux estoient pris par nos ennemis, & sera la restitution de la prisée desdits vaisseaux prise sur le fonds de ladite Societé, si tant se peut monter, & s'il ne suffit, ce qui en restera sera leué au sol la liure sur chacun desdits Associez sans aucune solidité, en telle sorte que chacun desdits Associez n'en payera qu'vn centiesme, & seront audit cas lesdits Associez priuez de la ioüissance du Commerce à eux accordé par le present Edict.

XI. Dans leſdits vaiſſeaux leſdits Aſſociez pourront mettre tels Capitaines pour y commander, ſoldats & matelots pour y ſeruir que bon leur ſemblera; Prendront neantmoins leſdits Capitaines commiſſion ou prouiſion de nous ſur la nomination deſdits Aſſociez, & pour commander en toute l'eſtenduë de ladite Nouuelle France en l'abſence de noſtredit couſin le Grand-Maiſtre, enſemble dans les places & forts qui ſont ja edifiez, & qui ſeront cy-apres conſtruits & entretenus par leſdits Aſſociez pour la ſeureté dudit païs. Ne ſera par nous ny nos ſucceſſeurs Roys donné pouuoir à autres qu'à ceux de ladite Compagnie, que noſtredit couſin le Grand-Maiſtre choiſira ſur le nõbre de trois perſonnes qui nous ſeront preſentez de trois ans en trois ans par icelle Compagnie, & preſteront leſdits Chefs & Capitaines le ſerment entre les mains de noſtredit couſin le Grãd Maiſtre, & pour le regard des autres vaiſſeaux qui ſerõt entretenus par leſdits Aſſociez, leur ſera loiſible d'en donner le commandement à telles perſonnes que bon leur ſemblera en la maniere accouſtumée.

XII. Dauantage nous auons fait don à ladite Compagnie de quatre couleuurines de fonte verte cy-deuãt accodées à la Compagnie des Moluques, leſquelles ledit de Caën a depuis retirées du defunct ſieur Muiſſon de Roüen pour s'en ſeruir à la nauigation de la Nouuelle France.

XIII. Et pour exciter dautant plus nos ſujets à ſe tranſporter eſdits lieux, & y faire toutes ſortes de manufactures, nous auons accordé que tous artiſans du nombre de ceux que leſdits Aſſociez s'obligent de faire paſſer audit païs, & qui auront exercé leurs arts &

meſtiers en ladite Nouuelle France durant ſix ans,en cas qu'ils veulent retourner en ce Royaume, ſoient reputez pour maiſtres de chef-d'œuure,& puiſſent tenir boutique ouuerte dans noſtre ville de Paris, & autres villes, en rapportant certificat authentique dudit ſeruice eſdits lieux: & pour cét effect tous les ans à chaque embarquement ſera mis vn roolle au Greffe de la Marine, de ceux que la Compagnie fera paſſer en la Nouuelle France.

XIV. Et attendu que les marchandiſes de quelque qualité qu'elles puiſſent eſtre qui viendront deſdits païs, & particulierement celles qui seront manufacturées eſdits lieux de la Nouuelle France, prouiendront de l'induſtrie dés François, nous auons exempté & déchargé, exemptons & déchargeons, pendant quinze ans, toutes ſortes de marchandiſes prouenant de ladite Nouuelle France, de tous impofts & fubfides, bien qu'elles foient voictu-rées, amenées & venduës en ce Royau-me.

XV. Comme auffi declarons tou-tes munitions de guerre, viures, & au-tres chofes neceffaires pour l'auictuail-lement & embarquement qu'il faudra faire pour la Nouuelle France exem-ptes, quittes & franches de toutes im-pofitions & fubfides quelconques pé-dant ledit temps de quinze années.

XVI. Permettons à toutes perfon-nes de quelque qualité qu'ils foient, tant Ecclefiaftiques, Nobles, Offi-ciers, que autres, d'entrer en ladite Compagnie, fans pour ce déroger aux priuileges accordez à leurs ordres: mef-mes pourront ceux de ladite Compa-gnie fi bon leur femble affocier auec eux ceux qui fe prefenteront cy-apres, & iufques au nombre d'autres cent, fi tant s'en presente. Et en cas que du nombre desdits Associez il s'en rencõtre quelqu'vn qui ne soit d'extraction noble, nous voulons & entendons annoblir iusques à douze desdits Associez lesquels iouïront à l'aduenir de tous priuileges de Noblesse, ensemble leurs enfans nais & à naistre en loyal mariage, & à cét effect nous ferons fournir ausdits Associez douze lettres d'anoblissement signées, scellées & expediées en blanc, pour les faire remplir des noms de douze desdits Associez, pour estre lesdites lettres distribuées par nostredit cousin le Cardinal de Richelieu à ceux qui luy seront presentez par ladite Compagnie.

XVII. Ordonnons que les descendans des François qui s'habitueront audit païs, ensemble les Sauuages qui seront amenez à la cognoissance de la foy, & en feront profession, soient desormais censez & reputez pour naturels François, & comme tels puissent venir habiter en France quand bon leur semblera, & y aquerir, tester, succeder, accepter donatiõs & legats, tout ainsi que les vrays regnicoles & originaires François, sans estre tenus de prendre aucunes lettres de declaration ny de naturalité.

SI DONNONS EN MANDEMENT à nos amez & feaux Conseillers les gens tenant nos Cours de Parlement, Chambres des Comptes, Cours des Aydes, & à tous nos autres Officiers & Iusticiers qu'il appartiendra, que ces presentes nos lettres d'Edict ils facent lire, publier & enregistrer, & du contenu en icelles ioüir pleinement & paisiblement lesdits de Roquemont, Hoüel, Lattaignant, Dablon, du Chesne, Castillon & leurs Associez; CAR tel est nostre plaisir, nonobstant quelconques Edicts , Ordonnances, mandements,& autres choses à ce contraires, ausquelles nous auons pour ce regard & sans tirer à consequence dérogé, & dérogeons par ces presentes, lesquelles nous voulons sortir leur plein & entier effect, nonobstant oppositions ou appellations quelconques, pour lesquelles ne voulons estre differé, nonobstant aussi clameur de Haro, Chartre Normande, prise à partie, & lettres à ce contraires. Et dautant que de ces presentes l'on pourra auoir affaire en plusieurs & diuers lieux, nous voulons qu'au vidimus & copies deuëment collationnées d'icelles par l'vn de nos amez & feaux Conseillers, Notaires & Secretaires, foy soit adioustée comme au present Original. Et afin que ce soit chose ferme & stable à tousiours; nous auons faict mettre nostre seel à cesdites presentes, sauf en autre chose nostre droict, & l'autruy en toutes. DONNE' au Camp deuant la Rochelle, au mois de May l'an de grace 1628. & de nostre regne le 19. Ainsi signé LOVIS. Et plus bas, Par le Roy, LE BEAVCLERC. & à costé Visa, & sceellé de cire verte en lacs de soye rouge, & verte.

EXTRAICT DES REGISTRES de Parlement.

VEV par la Cour les Chambres assemblées la Requeste à elle presentée le vingt vniesme de May dernier, par les Associez de la Compagnie de la Nouuelle France dite Canada: Tendant aux fins en icelle contenuës, attendu que dés le mois de May mil six cens vingt huict, il auroit pleu au Roy leur accorder l'Edict pour l'esta-

blissement d'vne Colonie de quatre mil François audit païs de la Nouuelle France : Ordonner que ledit Edict seroit enregistré és registres de la Cour, pour en ioüir par les supplians selon sa forme & teneur ; Response du Procureur general du Roy mise au bas de ladite Requeste, lequel n'empesche lesdites lettres patentes en forme d'Edict, estre registrées au Greffe de la Cour, pour ioüir par les supplians de l'effect d'icelles conformément à la volonté du Roy, signé, DEPONTAC; *VEV aussi lesdites lettres patentes en forme d'Edict du mois de May mil six cens vingt huict, signeés* LOVIS, *& plus bas par le Roy,* LE BEAVCLERC, *& scellées de cire verte à lacqs de soye rouge & verte ;* DICT A ESTE' *que la Cour a ordonné & ordonne que lesdites lettres patentes en forme d'Edict seront registrées és registres de la Cour pour estre executées, & ioüir par les sup-*

pliãs de l'effect d'icelles, suiuant & conformément à la volonté du Roy: PRONONCE' *à Bourdeaux en Parlement les Chambres assemblées, le quatriesme Iuillet mil six cens vingt neuf.*

Ainsi signé, DEFAV.

Registrées suiuant l'Arrest huy donné à Bourdeaux en Parlement, les Chambres d'iceluy assemblées, le quatriesme Iuillet, mil six cens vingt-neuf.

Ainsi signé, DEFAV.

Collationné par moy Conseiller Secretaire du Roy & de ses Finances.

www.ingramcontent.com/pod-product-compliance
Lightning Source LLC
LaVergne TN
LVHW010013230826
846092LV00002B/794